Di lo que quieres decir
2023

En memoria de
Rosa Margarita Hernández

Antología de siglemas 575

Di lo que quieres decir 2023

Antología de siglemas 575

En memoria de
Rosa Margarita Hernández

Patricia Schaefer Röder, Editora

Colección Carey

Ediciones Scriba NYC

Di lo que quieres decir 2023 – Antología de siglemas 575
Patricia Schaefer Röder, Editora
© 2023 PSR
Ediciones Scriba NYC
Colección Carey – Poesía

Fotografía y arte de portada: Jorge Muñoz
© Ediciones Scriba NYC, 2023

siglema575.blogspot.com

Impresión: Kindle Direct Publishing

ISBN: 9798985471359

Scriba NYC
Soluciones Lingüísticas Integradas
26 Carr. 833, Suite 816
Guaynabo, Puerto Rico 00971
+1 787 2873728
scribanyc.com

Noviembre 2023

Somos todos luz
de nuestras propias noches
alumbrándolas.

Entre los demás
seres únicos siempre
sin ningún molde.

Reales, fuertes
dejamos huellas hondas
en el camino.

Patricia Schaefer Röder
"SER"

CONTENIDO

9

11

PRÓLOGO

El filósofo Ernst Cassirer definió la naturaleza del ser humano como un animal simbólico. Vivimos en un mundo dinámico lleno de señales, signos y símbolos. Así, desde que nacemos, aprendemos a pensar y actuar en términos simbólicos. Nuestros conceptos, ideas y creencias se basan en símbolos culturales, lingüísticos, sociales, políticos, técnicos y religiosos. La religión y la mitología descansan sobre bases simbólicas. Nos expresamos por medio de símbolos en todas las artes. Y por supuesto, la poesía está llena de símbolos.

Este año, los participantes del certamen "Di lo que quieres decir" 2023 tendieron a mirar hacia dentro, a su naturaleza humana, sus sentimientos y sus creencias. La identidad, los recuerdos, la voz, la mujer, la madre, la vida, el amor, la poesía, la naturaleza, la luna y diversas formas de fe fueron temas universales descritos por un gran número de poetas en este encuentro internacional. También las plantas, el llanto, la violencia de género, la guerra, la lucha social, la música y la *Noche estrellada* de Van Gogh, entre otras estampas, quedaron plasmados a través de preciosas imágenes y símbolos maravillosos utilizando la forma poética minimalista del *siglema 575*.

Un siglema 575 es un poema que se escribe en base a las letras que constituyen su título, que a su vez va en mayúsculas, como un acrónimo. En un siglema 575 hay tantas estrofas como letras posea el título. Cada estrofa posee tres versos, de los cuales la primera palabra del primero debe comenzar con la letra correspondiente a la sigla que le toca. La métrica es 5-7-5, con rima libre. Por su naturaleza acrónima, cada estrofa debe constituir una idea cerrada y terminar necesariamente en punto, para así poder funcionar independientemente como un poema autónomo que trate el tema en cuestión, y en conjunto, como parte de un poema de varias estrofas que gire alrededor del mismo tema. El siglema 575 es de métrica breve y cuenta con reglas sencillas para su construcción; permite usar la métrica natural o las licencias poéticas si se desea. Al ser de temática y rima libres, le confiere al poeta todo el poder creador y conceptualizador desde el mismo título del poema. Si se siguen las reglas correctamente, el siglema 575 puede ser el primer paso en el descubrimiento de la poesía como una importante forma de expresión.

Durante el mes de enero de 2023, Scriba NYC Soluciones Lingüísticas Integradas abrió la convocatoria para el 9. Certamen Internacional de Siglema 575 "Di lo que quieres decir" 2023. Este año, el certamen contó con poetas de 20 países de América y Europa, que enviaron 427 participaciones sobre diversos temas. El jurado estuvo formado por cuatro personalidades de la letras de tres países: Ricardo Jesús Mejías Hernández (Venezuela), poeta y narrador ganador del 8. Certamen Internacional de Siglema 575 "Di lo que quieres decir" 2022 y otros premios internacionales, autor de los poemarios *Poemas del oficio y otros vuelos, Iluminado en la sombra, El Vocerío de los locos, Libro de Percances* y del libro de microrrelatos *Cirque;* Obdulia Báez Félix (Puerto Rico), maestra y profesora universitaria, PhD en Filosofía y Letras del Centro de Estudios Avanzados de Puerto Rico y el Caribe, publicó *Y me llamaron... ¡Julita!* e *Y sigo siendo... ¡Julita!* en honor a Julia de Burgos y otras colaboraciones literarias en diversas revistas y antologías; Vicky Zylberberg (Estados Unidos/Venezuela), intérprete y asesora de reubicación de inmigrantes hispanoparlantes en los EE.UU., Licenciada en Relaciones Industriales de la Universidad Católica Andrés Bello, Venezuela, con extensos estudios de literatura en la Universidad Central de Venezuela y apasionada de la literatura de habla hispana; y Zulma Quiñones Senati (Puerto Rico), Bachillerato en Educación de la Universidad Católica de Puerto Rico en Ponce, desde 2011 embajadora de buena voluntad en Puerto Rico del Festival Grito de Mujer, de

Mujeres Poetas Internacional, publicó los poemarios *Senderos en el río de la infancia* y *No quiero que las flores sepan*, entre otros. Ellos consideraron los siglemas 575 participantes en cuanto a su lírica, estética, minimalismo, conceptualización del tema en cada estrofa e integración de todas las estrofas en un poema que plasme el tema de inspiración.

El primer lugar lo mereció QUETZALCÓATL, de Jaime Agustín Ramírez (México); el segundo lo obtuvo GUITARRA, de Óscar Abdiel Romero Salazar (Colombia) y el tercero fue para POESÍA, de Gisele Rodríguez Vázquez (Puerto Rico). Las menciones honoríficas fueron otorgadas a FUGAZ, de Yuleisy Cruz Lezcano (Italia/Cuba); BUSCO UN ÁNGEL, de Henri García Durán (Venezuela); ÁRBOL PARTIDO, de Victoria Morrison (Chile); ME PREGUNTAS POR QUÉ ESCRIBO, de Orlando Pérez Manassero (Argentina); TIEMPO, de Alejandra Viscaino Naranjo (Ecuador); CLASE OBRERA, de Débora Carrillo González (México) y DOCENTE RURAL, de Stella Maris Farfán (Argentina).

Di lo que quieres decir 2023 recoge los siglemas 575 premiados y destacados, así como una selección de siglemas 575 participantes en el certamen.

Dedicamos esta edición del certamen de siglema 575 a la memoria de nuestra querida escritora puertorriqueña Rosa Margarita Hernández, amante de las letras y jurado del 4o. Certamen de Siglema 2018, quien falleció a finales de diciembre de 2022. Rosa Margarita fue una mujer solidaria, sensible y generosa, y la recordamos con gran afecto. Este es nuestro humilde homenaje en su honor.

Scriba NYC Soluciones Lingüísticas Integradas agradece la concurrencia de los participantes en este encuentro y felicita a los poetas premiados, así como a todos los concursantes, por haber aceptado el reto poético del siglema 575, atreviéndose a *decir lo que quieren decir*.

Patricia Schaefer Röder, Editora

—

ROSA MARGARITA HERNÁNDEZ
*1945 – † 2022

Rosa Margarita Hernández López fue una mujer profunda; una dama elegante y amable. Nació en Arecibo el 25 de abril de 1945. Obtuvo un Bachillerato en Economía de la Universidad de Puerto Rico y trabajó hasta su retiro en la Puerto Rico Telephone Company. Rosa Margarita comenzó a escribir en un taller ofrecido por Sylvia Domenech en la biblioteca Carnegie en 1984 y después con los escritores Awilda Cáez, Rubis Camacho, Emilio del Carril, Mariana Benítez y Mairym Cruz Bernal, entre otros. Fue parte del Instituto de Formación Literaria dirigido por Mara Daisy Cruz y de allí surgió el colectivo Los Cinco, formado por Rosa Margarita Hernández, Zulma Quiñones Senati, Jean Victoriá, Yvette Clark y Raquel Otheguy, que se reunió durante diez años para escribir y compartir cuentos, sopa, vino y amistad, y publicó en 2013 la antología *No somos de papel* que obtuvo el premio del PEN Club de Puerto Rico en 2014. En el año 2016, el Instituto de Cultura Puertorriqueña publicó varios cuentos de Rosa Margarita en la antología *De la locura y otras realidades*. En 2020, Los Cinco publicó otra antología titulada *El culpable fue Adán*.

Rosa Margarita fue una escritora prolífica y genial en su forma de tratar los temas. Prefería las temáticas oscuras, pero creía en las hadas y en la magia, y las incluía también en sus cuentos. Fue una gran amiga, reservada, pero siempre dispuesta a ayudar a los demás y a dar buenos consejos. Durante todo el encierro del Covid19, reunió a sus amigos y colegas de Los Cinco por Zoom y los animó a escribir sugiriendo temas, en espera de compilar esos cuentos para publicar la tercera antología de Los Cinco, pero Rosa Margarita se adelantó y se fue con sus alas de hada a volar y a contarle sus cuentos a las estrellas. Falleció el 30 de diciembre de 2022 en San Juan, Puerto Rico.

—

SIGLEMAS 575
PREMIADOS

Jaime Agustín Ramírez
México

QUETZALCÓATL

Quetzal por casta
apoteosis numen
áspid alado.

Ungido ayo
ralea vestimenta
estoico brío.

Eterno astro
naces en el oriente
con Citlaltépetl.

Tula te miró
marcharte al ocaso
volverás, lo sé.

Zozobra guardas
el mar será refugio
en tu retiro.

Ácatl marcará
el advenimiento de
tu revelación.

Les voy a dejar
la señal en el quinto
sol, regresaré.

Chimalman te dio
cobijo en su seno
soplo de vida.

Ocaso adiós
serpiente emplumada
Mictlán oscuro.

Al alba partió
navegando al punto
Tlillan Tlapallan.

Toca al viento
caracol horadado
aire precioso.

La semilla de
los soles Mictlán yacen
al fluir del canto.

Óscar Abdiel Romero Salazar
Colombia

GUITARRA

Guías mis versos
con el suave vaivén
de tus tonadas.

Unas de arena
otras de sol dorado
y de montaña.

Inverosímil
te cuelas en las noches
de mis fantasmas.

Terca y rabiosa
suspiras maravilla
en tu encordado.

Acompasando
todas mis emociones
y mis nostalgias.

Retumbas truenos
con compases de gloria
o de misterio.

Redefiniendo
las parcas emociones
y los amores.

Arremangando
el alma en un espacio
indefinido.

TERCER PREMIO

Gisele Rodríguez Vázquez
Puerto Rico

POESÍA

Poema mío
cántame la poesía
del universo.

Oxigéname
devela la fragancia
de tus pétalos.

Eclípsame tú
haz que tu verbo fluya
como cascada.

Saboréate
el zumo de tu verso
hasta embriagarte.

Íntimamente
desnudando tus letras
a los poetas.

Adorméceme
inyectando tu lira
dentro de mi alma.

MENCIONES
HONORÍFICAS

MENCIÓN DE HONOR

Yuleisy Cruz Lezcano
Italia / Cuba

FUGAZ

Fuera del tiempo
calla el amor perdido
sus horas grises.

Usa silencios
el amor que esperamos
fuera del tiempo.

Grita sus horas
como la muerte grita
en los silencios.

Almas sin notas
somos melancolía
sin mariposas.

Zumban recuerdos
y nosotros callamos
sin comprenderlos.

Henri García Durán
Venezuela

BUSCO UN ÁNGEL

Busco un ángel
desprovisto de rostro
sin boca, sin voz.

Un ser divino
que solo me escuche
todo espejo.

Sombra excelsa
que oculte mis miedos
arcángel de luz.

Cualquier momento
es oportuno para
que mores en mí.

Oculto estoy
dentro de la quimera
esperándote.

Una ráfaga
de tormentos acechan
el pensamiento.

No temas bajar
bienaventurado yo
al contemplarte.

¡Ángel, ven a mí!
Te invoco, te ruego
¡aparece ya!

No tendré vida...
Tengo que abandonar
mi cuerpo frágil.

Guardarás mi ser
llevándolo al éter
guiarás su vuelo.

El firmamento
la eterna morada
será mi hogar.

Los días mueren...
Sigiloso espero
¿alguno vendrá?

MENCIÓN DE HONOR

Victoria Morrison
Chile

ÁRBOL PARTIDO

Árbol partido
mi refugio de tronco
tibia madera.

Roble sagrado
dormiré dentro de ti
serás mi madre.

Bebo tu leche
savia de tierra agua
cama de hoja.

Ocaso lunar
anochecer violeta
ronca el árbol.

Lámpara de sal
canción de cuna y mar
leo para ti.

Pájaros duermen
acurrucados en mi
tronco de vida.

Abril otoño
remolino de letras
escuchan mi voz.

Ramas observan
al interior del árbol
mundo semilla.

Talismán brujo
escondes mis poemas
barba de duende.

Incienso rojo
humo de guinda fucsia
huele a dulce.

Dedo de raíz
cierras mis ojos, duermo
profundamente.

Órbita solar
ciega luz me despierta
buen día, árbol.

MENCIÓN DE HONOR

Orlando Pérez Manassero
Argentina

ME PREGUNTAS POR QUÉ ESCRIBO

Me parece ver
en tu faz curiosidad
por saber de mí.

Es que acaso
te da miedo preguntar
¿por qué escribo?

Pues mira, si yo
también me lo pregunté
en el pasado.

Respondo, no sé...
Pero quiero contarte
qué es escribir.

Es algo así:
es pedir a tu mente
reunir letras.

Ganar palabras
y luego alinearlas
lógicamente.

Un papel blanco
un lápiz, una goma
escribir, borrar.

Nacen y mueren
mil pensadas ideas
y una queda.

Tan fácil no es
el saber si merece
llegar al papel.

A veces sientes
que las frases se vuelven
inalcanzables.

Sueñas con esas
que caen de maduras
justo al nacer.

Poco a poco vas
componiendo las líneas
buscando el final.

Observando bien
las letras del título
para avanzar.

Recuerdo vivir
mis primeros siglemas
con mucha pasión.

Quería ser yo
el poeta, que no soy
que nunca seré.

Un escribiente
con reglas diferentes
que aquí hallé.

Es por eso que
tu pregunta del por qué
no sé responder.

Es que el rimar
hermosas poesías
no fue para mí.

Solo esto es
lo que puedo ofrecer
curiosa mujer.

Cada párrafo
fue diciéndote cómo
y no el porqué.

Renuncia buscar
una razón de escribir
y obsérvame.

Insisto tenaz
y al final de la obra
me siento feliz.

Basta decirte
que cuentes las sílabas
de las palabras.

Olvida rimar
escribamos, que un día
sabremos por qué.

MENCIÓN DE HONOR

Alejandra Viscaino Naranjo
Ecuador

TIEMPO

Tus manecillas
en arroyos de arena
plasman mis pasos.

Iris violetas
tiemblan en los ignotos
ecos sin voces.

Entre tus dedos
desvanecientes tictacs
toman mis manos.

Mirarte quise
antes que las polillas
muerdan mis huesos.

Pronto las riadas
de ánimas dormirán
al segundero.

Odas de ayeres
soplan arrugas en
el verde sol.

MENCIÓN DE HONOR

Débora Carrillo González
México

CLASE OBRERA

Caminando va
cansada de otro día
de duro obrar.

Los miras llevar
cada día nuevo pan
a lar sin faltar.

Angustias llevan
sin duda mil tormentas
lloran y siguen.

Sudor y dolor
carencia y paciencia
lealtad y bondad.

Ellos son padres
hijos, estudiantes
o son abuelos.

Órgano vital
latiente en la ciudad
siempre funcional.

Bailan y cantan
abrazan a los suyos
comparten todo.

Ríen y juegan
sus hijos merecen más
más de lo que hay.

Esfuerzos sin fin
mira su frente brillar
sus manos sangrar.

Resisten sin más
bronce alcanzan no más
aunque oro son.

Admírala hoy
es la clase obrera
de donde yo soy.

MENCIÓN DE HONOR

Stella Maris Farfán
Argentina

DOCENTE RURAL

Dejan la vida
adonde el destino
le asesta ir.

Obsecuentes son
con bolsillos vacíos...
Se comprometen.

Camino rudo
se vuelve conocido
compañero fiel.

Enseñando van
docentes andariegos
en cada paso.

Niegan cansancio
un docente rural es
¡héroe blanco!

Trabajo duro
con un grandioso pago:
alumnos sabios.

Enseñan ellos
en los parajes, lejos
de lo mundano.

Rodean ríos
trepan altas montañas
bajan por sogas.

Un objetivo
los levanta a diario
ver a sus niños.

Ríen entonces
con aquellas caritas
sedientas de ser.

Aman la vida
y en esas sendas es...
Donde se les va.

La lucha diaria
por un bolsillo lleno
y la dignidad.

SIGLEMAS 575
DESTACADOS

Juan Fran Núñez Parreño
España

SILENCIOS

Sin las palabras
sin ruidos ni sonidos
se dice todo.

Islas de tiempo
en medio del espacio
nada ni nadie.

Largos y lentos
momentos compartidos
con los latidos.

Esos segundos
que completan el todo
con uno mismo.

No son vacíos
están llenos con calma
y sentimientos.

Corazón habla
pensamientos escuchan
ojos testigos.

Interior entra
hasta dentro del alma
al mismo centro.

Oídos sienten
meditaciones puras
sordas y mudas.

Son unas vidas
infinitas y plenas
en un instante.

Yosmar Salazar-Márquez Vinson
Estados Unidos

HIPÓCRITAS

Hubo intento
de aplacar conciencias
teñir el llanto.

Incienso blando
con colores de tierra
rosario muerto.

Prosas mortales
oscurecidas, rotas
llenas de miedo.

Ocultan sueños
critican lo ajeno
dedos apuntan.

Castas que juzgan
a los que nada tienen
y nada piden.

Rezan en vano
para borrar las culpas
fingir caridad.

Ignorancia vil
disfrazada de gracia
velas ardientes.

Tienden la mano
mas el olor repugna
la vista arde.

Arrogantes van
de vuelta a sus cuevas
en complicidad.

Siempre contentos
aunque esas limosnas
a nadie salvan.

Graciela Calleja Bello
México

MUJER DE CRISTAL

Miedo y dolor
cada día a mi lado
sombras de mujer.

Umbral de pena
que rasgas mi cuerpo y
defines mi ser.

Jamás me sueltas
y como alfarero
rompes mi razón.

Estamos aquí
en un duelo de vida
tú tienes el as.

Rompes mis brazos
mis piernas y mi alma
trozos de cristal.

Dime si vivo
porque mi ser es muerte
mi muerte, dolor.

Escúchame hoy
solo hoy, que mañana
seré silencio.

Ciñes mi cuerpo
borrando mi sonrisa
cierras mis ojos.

Retas mi temple
fracturando mis sueños
rompes mis huesos.

Invades mi yo
destruyes mi identidad
silencias mi voz.

Siempre soy tuya
caminas a mi lado
borras mis pasos.

Tienes mi vida
en tus manos de hierro
llevas mi cuerpo.

Atas mis sueños
detienes mis latidos
y cada afán.

Llamarada azul
grito que me ahoga
FIBROMIALGIA.

Eduard Tara

Rumania

SÓLO LA LUZ

Siempre las llamas
sacan todas las sombras
viejo fósforo.

Ola por ola
el mar recoge la luz
de las estrellas.

La lluvia suave
las rosas del graffiti
brillan de nuevo.

Otra fogata
las palabras del viejo
pasan por la luz.

La mariquita
en la brizna de hierba
se dobla la luz.

Acariciando
la luz dentro de ella
bebé nonato.

Letras en braille
ella toca los nombres
de las estrellas.

Un carámbano
se derrite en la luz
sol de febrero.

Zapatos viejos
nuestras sombras llenas de
nomeolvides.

Rita Sequeira
México

SUICIDIO

Soberbia rota
páginas letras vivas
idea fija.

Únicamente
oscila el cerrojo
ratificación.

Intentos rudos
axioma en silencio
grito auxilio.

Confinamiento
declaración absurda
nadie escucha.

Interrogación
oraciones y llantos
insta el claustro.

Discurso con luz
ilustra la condena
ya confirmada.

Intenso clamor
mis labios suplican
rígidos, secos.

Ondulante ser
cae inanimado
necio funeral.

Joshua Serrano Maclara
Puerto Rico

EL CORAZÓN SE ROMPE

En equilibrio
equinoccios oscuros
tardes, quebrantos.

Laberintos son
caminos tan vacíos
corazón rompen.

Cascarón roto
ventrículo izquierdo
deshilándose.

Ostentándose
al filo de destrucción
reventar, tronar.

Raídos sueños
rastros, infelicidad
ausencia, fuerza.

¡Astros, vuelen ya!
Busquen mi sol, se rompe.
¿No hay quien salve?

Zarandeando
exprimiendo su sangre
triturándolo.

Oscureciendo
onomatopeyas son
ruge la bestia.

Nictálope, ¿ves?
¿Ves en medio de la luz?
¿De dónde vienes?

Sazones, tiempos
consumes existencia
sangrado brutal.

Estruendoso es
el corazón se rompe
sangra sin parar.

Reparaciones
aguja, hilo, zurcir
aún sangrando.

Otra puntada
el hilo se acaba.
¿Sobrevivirás?

Moribundo va.
¡Insufladle aliento!
¿Quieres respirar?

Perforaciones
venas vacías, aire
no hay sustancia.

Equidistante
naciente del poniente
ya murió mi sol.

Graciela Olivera Rodríguez
Uruguay

MUJER

Mar de fragancias.
En la noche de luna
destilas brillo.

Única flor
que despliega sus pétalos
dentro del útero.

Joya preciada
mucho más que el diamante
y el fino oro.

Embajadora
de la eterna sonrisa
que alegra al hombre.

Rocío tibio
que pares por tus ojos
si te lastiman.

Dora Luz Muñoz de Cobo
Colombia

NOCHE ESTRELLADA

Nube brillante
estelas azul mar
el blanco irrumpe.

Orden divino
surge en asimetría
entraré en él.

Campos de trigo
trazos en amarillos
diafanidad.

Halos nos llevan
al ciclo de la vida
todo en asombro.

Estrellas fingen
un danzar de odaliscas
como libélulas.

Espirales en
cósmica tempestad
dan torbellinos.

Surgen zafiros
en brillo diamantino
boreal éxtasis.

Tus pinceladas
reflejan maravilla
es sortilegio.

Rayo infinito
se torna en brillantez
ensoñación.

Eres la flor
que rota ante la luna
mirar ardiente.

Locura gira
en bóveda celeste
oh, sensación.

La nebulosa
abraza a los bucles
en vibraciones.

Alucinante
cielo nocturno acoge
estrellas vivas.

Devenir magno
invoca los espíritus
ante Van Gogh.

Armonía suma
se abraza al universo
celestial flujo.

Marisandra Capobianco
Italia

SSS...

¡¡Silencio!! Me
gritas con coñazos y
patadas sin fin.

Sangrando estoy.
La que me parió se va
sin impedirlo.

Sola me quedo
el piso está frío
ya no me duele.

Enmanuel D. III Colmenares
Venezuela

QUIERO SER ÁRBOL

Quiero ser árbol
conmigo llevar hojas
ramas de brazos.

Un árbol ser
durar en mismo lugar
noches y días.

Insistir en mí
favor de mis raíces
absorber agua.

Entonces tronco
es como ver mi cuerpo
entre la sombra.

Renovar hojas
soportar fuertes luces
vientos y lluvias.

Otras veces he
dicho a mis amigos que
quiero ser árbol.

Ser taño marrón
escribirme colores
mi piel corteza.

Es decir, amar
abrigar totalidad
flores y frutos.

———

Resistir unas
oscuras tempestades
de la rutina.

Árbol quiero ser
ya se lo pedí a Dios
en otra vida.

Resguardar aves
ser mil nidos eternos
en desamparo.

Botar mis hojas
notar secas en suelo
después revivir.

Otra mirada
más verde de cobijo
para los otros.

Los árboles son
mi linaje donde mi
mutis respira.

Dorothée León Cadenillas
Alemania

INSTANTE

Iluminando
mi pensar pasa una
estrella fugaz.

No es más que un
destello en el tic del
tiempo perenne.

Sueño palabras
con alas efímeras
se me escapan.

Tras el vacío
más allá de mí misma
revienta el ser.

Aleteo que
mide la frontera de
vastos silencios.

No existo. Soy
un mar de imágenes
instantáneas.

Tan errática
mi vida, en segundos
erra su blanco.

Eternidad, la
deidad ajena, aún más
engañosa es.

Claudio Sanseverino
Argentina

RAPSODIA

Rapsodia reza
un diccionario mudo:
"fragmentos de obras".

Anima opciones:
"sección de un canto épico
independiente".

Pero escuchando
a Liszt o a Freddie Mercury
voló la magia.

Sí, Gershwin sabe
que su armonía azul
es un misterio.

Otros ensambles
melodías cosidas
no son rapsodias.

Diapasón, nube
delta, cristal y fuego
sendero y vía.

Inquieta fibra
que conduce el rumor
corriente adentro.

Ayer de ayeres
pianistas y rapsodas
nos la devuelven.

Esmeralda García

México

ALFONSINA

Amaneciendo
con lenta tranquilidad
oleaje del mar.

Libre suspira
soy la brisa marina
inconsolable.

Fuertes palabras
embargan al corazón:
dudas, soledad.

Olas esquivas
arenas movedizas
con sus pies fríos.

Nace el ímpetu
de alcanzar a rozarte
sol horizonte.

Soñando estrellas
Alfonsina persigue
conchitas de mar.

Imperturbable
cargada por sirenas
flotas en la mar.

Naufragio soez
dejas a la deriva
un débil cuerpo.

Adentrándose
Alfonsina no vuelve
la playa buscar.

Carmen García-Ocasio
Puerto Rico

PALABRA LIBRE

Porque hablaré
ellos no me callarán
diré la verdad.

Amedrentarme
y hostigarme querrán
diré la verdad.

Levanto mi voz
todos me escucharán
diré la verdad.

Aunque no crean
las palabras que oirán
diré la verdad.

Berrinches tienen
su odio expulsarán
diré la verdad.

Rumores no son
engañarme no podrán
diré la verdad.

Andan con miedo
sigilosos estarán
diré la verdad.

Libertad tengo
por eso escaparán
diré la verdad.

———

Intransigentes
mis labios coartarán
diré la verdad.

Burlas por doquier
insultos me gritarán
diré la verdad.

Rebelde, tenaz
ya no me derrotarán
diré la verdad.

Están temblando
esos cobardes huirán
diré la verdad.

Lizzie Nevárez de Jesús
Puerto Rico

<u>MAR</u>

Música azul
que esparce espuma
cuando bendice.

Ave de ecos
gaviota que ve olas
con cantos blancos.

Río que llega
siendo dulce a la sal
unión de aguas.

Carlos Ramírez Azurdia
Guatemala

MARGARITAS

Magnoliópsida
¿tu descripción? Soberbia
y fascinante.

Amarillo es
centro de tu esencia
simple y veraz.

Representas tú
un azar en el amor
¿me amas o no?

Gracias por mostrar
la elementalidad
minimalista.

A veces blanca
otras, violácea, pero
siempre hermosa.

Radiantes varias
ciento cuarenta tipos
linda ansiedad.

Incomparable
¿*Bellis perennis* o la
belleza real?

Te veo siempre
en la sonrisa que das
al consagrarte.

Admirable tris
inexplicable sentir
creación sacra.

Sosa duración
castigas con tu vida
flor de corazón.

SIGLEMAS 575
SELECCIONADOS

Gabriela Ladrón de Guevara
México

POETA

Precisa voz
comparte mil palabras
evoca trinos.

Oda sin fin
sentimientos en ciencia
amor al vuelo.

Estela verde
lenguas surgen feroces
unen secretos.

Tambor de luz
creadora de mundos
hija de musas.

Alcanza verso
entre telas doradas
mente arde pura.

Leonor Riveros Herrera
Colombia

ROSA

Risueño aroma
plantado en los jardines
saluda al alba.

Obsesión viva
razón de la conquista
cautiva el alma.

Solitaria flor
tu presencia ilumina
formas del jarrón.

Alberga el beso
y la caricia leve
enamorada.

Antonio Ramírez Córdova
Puerto Rico

PAZ

Por ser sublime
siempre voy a su ámbito
de alto silencio.

Ancla en sosiego
si siento una congoja
si duele el alma.

Zafiro de luz
que surge en palabras
de este poema.

Evelyn Ortiz Avilés

Puerto Rico

COCO LOCO

Combinando los
pasos al ritmo del son
y de alegría.

Optimista me
encuentro moviendo mis
sueltas caderas.

Consciente voy de
aquí para allá con
mi rico sabor.

Objetivo mío
es que todos puedan ver
mi movimiento.

Luego disfrutar
cada momento vivo
con emociones.

Otra forma de
la chispa de la vida
que llega aquí.

Cambia tu pensar
que todo es armonía
en movimiento.

Olas de vientos
me zarandean, estoy
loco y feliz.

Silvia Alicia Balbuena
Argentina

SILUETAS

Silencio negro.
El mantón de la noche
me abrigaba.

Ilusionadas
agujas de estrellas
fieles orlaban.

La luna nueva
de brillantez huraña
me observaba.

Urdimbre vana.
Su mirar en el mío
fiel se vaciaba.

Eran visiones
la luna en el cielo
él en mi cama.

Tal labilidad
envolvió su recuerdo
y mis fantasmas.

¡Amante amor!
Imágenes vacías
me abrasaban.

Siluetas negras
negras como la vida
sin ser... Estaban...

———

Almina Muñoz Cedeño
Puerto Rico

UNA MADRE

Única en el
mundo, incomparable
insustituible.

Nunca dice no
para atender a sus
queridos hijos.

Ante todo es
protectora leal por
su gran linaje.

Motivadora
aunque arrastre penas
en su corazón.

Ama a los suyos
sin importar su vida
y los errores.

Dispuesta a cargar
la cruz más pesada por
su felicidad.

Respetuosa y
estricta al mostrar el
camino recto.

Estable en la
unidad familiar con
paz, fe y amor.

Celia Karina San Felipe
Estados Unidos

IN STARS

Inglaterra y
España en la lista
al final bajan.

Nacen sueños en
el Mundial próximo de
"CAN, USA y MX".

Sigue Pelé la
luz. Lula, Brasil y el
Pentacampeón.

Tres las estrellas
de Argentina Austral
Reinado del Sur.

Alemania es
el orgullo en Qatar
por Diversidad.

Resta Francia y...
Uruguay, que debajo
atrás quedaron.

Sur italiano
de Copas en pasado:
jugó y ganó.

Julio A. Núñez Meléndez
Estados Unidos

CIELO

Cielo celeste
estrellas infinitas
soy un soñador.

Intenso color
que pienso en el amor
día y noche.

Eterno mi Dios
luz de almas gemelas
según creencias.

Luz universo
nubes grises y blancas
vive sol luna.

Orden divino
y se mueven los astros
rodea tierra.

Grace M. Bosques Soto
Puerto Rico

VALOR

Vivir la vida
es aprender a amar
caer y volar.

Arriesgarse a
superar obstáculos
perder y ganar.

La vida muestra
miles de maneras de
vencer el miedo.

Observar bellos
y malos momentos que
nos enaltecen.

Reír y llorar
valorizar lo que se
tiene y pierde.

Luisa Betancur Vásquez
Colombia

LLORAR

Llueve por dentro
se salpica el alma
intensamente.

La brisa movió
la suciedad de años
limpió pestañas.

Olvidándose
de tantas telarañas
entre el pecho.

Retiró mugre
ira, cansancio, penas
resentimientos.

Amarguras que
llegaron sin aviso
y se quedaron.

Riñas conscientes
que hoy dispersas se van
con las lágrimas.

Alma Amor Montoya Rivas
México

CALMA

Calla la mente.
Respira muy despacio.
Escucha tu voz.

Abre tu pecho.
Inhala y exhala.
Baja tu ritmo.

Logra calmarte.
Busca en ti alivio.
Encuentra tu ser.

Mantén tu paz.
Disfruta el camino.
Vive el presente.

Anda tranquila.
Olvida esas prisas.
Regresa a ti.

Sylvette Cabrera Nieves
Puerto Rico

HOY

Hundida sigo
en mitad del silencio
y entre letras.

Oteo la noche
viniendo al encuentro
de mi soledad.

Y que afloran
palabras insurrectas
que no te digo.

Ángela María Mateo Ávalos
España

NATURAL

No te escondes
tampoco les imitas
no eres copia.

Apareces tú
tan sencilla y libre
espontáneamente.

Tú, tan única
sincera, transparente
y delicada.

Unipersonal
odias lo artificial
y reivindicas.

Ríes muy alto
con valor, sin vergüenza
no te comparas.

Autenticidad
que emana de todo
lo original.

Libre de presión
sin estereotipos
solamente tú.

Marta Torres Jorajuría
Uruguay

SOLEDAD

Se oye el silencio
y se acunan los miedos
dentro del alma.

Otro es el tiempo
y otras auroras
desperezándose...

La herida duele
y el viento se asemeja
a un gran gigante.

En soledades
se acurruca la nube
allá en ocaso.

Dentro del nido
los pichoncitos pían.
¡Ay! Tienen hambre.

Acaso sueño;
me desperté temprano
y el viento ruge.

Dame tu mano;
en soledad dormita;
tienes mi llanto...

Baltazar Cordero Támez
México

POEMA

Para describir
el alma y sus rincones
nació un poema.

Olas y mares
dejando en sus arenas
viento y pesares.

Entre sus versos
también corren las mieles
de la alegría.

Mientras un beso
inunda toda la piel
vida y dulzor.

Abre las alas
para emprender el vuelo
de tu corazón.

Frances Ruiz Deliz
Puerto Rico

DORMIR

Día tras día
muero por ocho horas
y resucito.

Olvido todo
hasta mi existencia
en este plano.

Remo el barco
por el río Leteo
bebo su agua.

Mi inconsciente
construye conexiones
incoherencias.

Invento mundos
raudales y caudales
áridos, fríos.

Respiro fuerte
abro los ojos turbios
y me repito.

Andrea Pereira
Uruguay

APASIONADOS

Amor a color
de pinceles dorados
sueño contigo.

Pasión ardiente
colorida urgente
sueñas conmigo.

Amor y dolor
de placeres oscuros
sabor a licor.

Silencios dulces
tras esos sonidos que
desgarran al sol.

Inmunes somos
al mundo exterior y
los ignoramos.

Olas saladas
de aroma intenso
a simple pasión.

Nada nos frena
¿quién tendría el valor?
Esto es amor.

Amor y calor
un fuego tan intenso
como de un dios.

—

Días noches son
no importa el tiempo
cuando hay pasión.

Ósculos de mar
salados y eternos
incondicional.

Sembrando en mí
todo ese deseo
nada es banal.

Silvia M. Ruiz Moreno
Guatemala

PUEBLO MÍO, CABALGA

Pueblo mío
cabalga, cabalga y
tu destino es.

Un día verás
cogollos primaveras
y serás feliz.

En venideras
datas de albores, y
en bendita faz.

Buena es mi
Tierra, bendita por
Dios, ¡bendita!

La marimba y
el maíz, baluartes
tintín de Dios.

Oraciones
de hinojos, luz y amor
Pueblo Mío.

Mirar el fondo
de tu corazón deseo
cabalgar por ti.

Infortunios
apartarlos anhelo
y paz para ti.

Osadía es
la mía, verte feliz
alcorzar bella.

Cercana a ti
en tus morenas playas
perderme en ti.

Amor y Patria
no son quimeras, es
mi devoción.

Bonita mía
bella Guatemala
vida eres tú.

Azul celeste
cielos y bandera
ilustrísima.

Libo tu néctar
tierra tropical cálida
de fruta fresca.

Guatemala
nombre inmortal, trazo
en el cielo.

Abiertas tus
alas al Creador, mi
gratitud a Él.

Miguel Ángel Real
Francia

TÚ

Tratas de arderme
urdidora de acasos
con tus caderas.

Un desafío
de saliva y de soles
hay en tus labios.

Yanni Tugores Tajada
Uruguay

ADORACIÓN

Amé tus manos
que frías y arrugadas
me confortaban.

Donde tú estabas
iluminaban todo
tus ojos calmos.

Olor a especias
mezclado con jazmines
junto a la mesa.

Recuerdos claros
que vienen a mi mente
al recordarte.

Ahora no estás
y me haces mucha falta
todos los días.

Cuando contemplo
mi rostro en el espejo
veo tu sonrisa.

Imagen viva
que aún tengo de ti
viendo a tus nietas.

Óptima amiga
derramabas tu luz
en mis poemas.

Nunca jamás
he de olvidarte, MADRE
vives en mí.

Edgar Yañez Arguelles
México

OSCURIDAD

Ocio aunque
todos le llamen norma
aburrido es.

Siento un viento
un alarido vaho
contemplo algo.

Contemplo, pero
no sé qué es ¿qué será?
Debería ir, ¿no?

Uroboros ¿es?
Ambulo en espera
ansias comen.

Roja no, pero
huele a sangre. ¿Qué es?
Como el ónix.

Incauto tomo
abro sus misterios
confusión clamo.

Dédalo es sin
espera necesito
resolver pero.

Aullidos veo
escucho caras negras
ansias tomo.

Doy fe testiga
una vela apaga
nervios y risa.

Juan Antonio López García
España

DISTANCIAS

Donde se buscan
los espacios perdidos
tristezas hallo.

Ira que asoma
amor difuminado
lágrima rota.

Solo me quedan
esperanzas fútiles
recuerdos grises.

¿Todo olvidado?
Las brillantes palabras
dulces deleites.

Amor remoto
que jugó su destino
falso amorío.

Nuevos instantes
incipientes momentos
nuevos alientos.

Cientos de horas
días amontonados
noches a solas.

¿Inteligente?
Viviendo abandonada
una insolente.

¿Aborrecida?
Caminando perdida
desventurada.

Soez y loca
ignorada y proscrita
queda mi vida.

Jorge Padula Perkins

PERRO

Peludo amigo
me complazco en tenerte
aquí a mi lado.

Estando juntos
me laten tus latidos
en cada abrazo.

Recio y tan tierno
eres franco conmigo;
simple y sincero.

Realmente bueno
nobleza sin rodeos
cánido hermano.

Otros serían
mi días sin tu aliento
entrega y vida.

Patricia Elena Vilas
Argentina

LA NOCHE

La noche muere
cubierta de ausencia
ecos nocturnos.

Amé el viento
umbral del nuevo día
beso alado.

No a la guerra.
¡Libertad! gritan todos
almas de muertos.

Oh, triste vida
alegrías pasadas
ecos nocturnos.

Cielo lunar
rodeado de estrellas
ocaso de luz.

Hondos pesares
teñidos de amores
voces de agua.

Ecos diáfanos
la noche agoniza
alma cobarde.

Laura Almanza Fuentes
México

PASIÓN

Piel eriza
a ritmo de corazón
latidos de dos.

Aliento sin voz
compartido en la piel
vaho en lozanía.

Sentidos vagos
ardientes en las ansias
enardecidas.

Inmenso placer
que a la sangre viene
hierve las almas.

Ósculos suaves
provocan a los fluidos
Involuntarios.

Noches sin final
para el fuego voraz
de los amantes.

Priscilla Ramírez-Muro
México

SELVAS

Sin lamentación
nacimos en desiertos
hidropónicos.

Elevan calma
augurios cristalinos
derrumbe solar.

Lagos de tierra
entre celeste caer
yermo espeso.

Vacuo sonoro
bajo los torrenciales
inmutativos.

Alumbramientos
místico-enfáticos
cosmopolitas.

Sin oxígeno
la vida es posible
anti-terráqueo.

Porfirio Flores Vázquez

México

ADIÓS

A veces, es el
adiós, no separación
es hasta luego.

Dejar partir sin
renuncia, sin olvido
solo nostalgia.

Inmenso amor
que todo lo unió no
termina jamás.

Obvio, como en
ese juramento, la
muerte escinde.

Sabia es nuestra
naturaleza, otra
vez nos reunirá.

Ana María Burgos Martínez
Puerto Rico

JABÁ

Jíbara soy
taína y española
como africana.

Admiro la
mezcla de las naciones
que son mi raza.

Borinquén mi
patria y hermosa islita
flor del Caribe.

Ámame como
estoy, con mi maranta
ensortijada.

Arturo Hernández González
Colombia

CONTICINIO

Cada luz llora
en ecos de la sombra
el duro centro.

Onírico que
la noche resucita
para el mundo.

Nada abunda
en la hora última
del mundo grave.

Tras el embargo
indiferente del ruin
toque de queda.

Incluso libre
en bosques o ciudades
el silencio gris.

Claudica, porque
el conticinio juega
con soledades.

Imposibles de
abandonar, ya que no
se sobrevive.

Negando la sed
oscura y mágica
del dulce sueño.

Imita la mar
de movimientos duales:
tenaz y suave.

Ocurre tanto
que nos olvidamos de
su vida breve.

Silvia Gallardo Sánchez
México

ASOMBRO

Avizoro luz
de azul inmensidad
de cielo y mar.

Sempiterna paz
en aleteo de aves
canta el viento.

Obra divina
la tierra bendecida
que alimenta.

Manantial vital
que cabe por los ojos
asombro total.

Brota la vida
renacen esperanzas
lloran las nubes.

Renuevan la fe
coloridos paisajes
caricia visual.

Obra divina
regalo bendecido
fascinación.

Elisanne María Zabaleta
Venezuela

ARAYA

Araya azul
profundo de Salmerón
Acosta, apö.

Rayada mujer
de piel morena pesca
blanquecina sal.

Azul de paz de
tan lejanos ojos en
el gran Oriente.

Ya la gente de
Sucre amanece de
pie en canasto.

Amasando la
sal blanca del río agua
luz, sol en lomo.

Carolyn Letelier Cortez
Chile

MIEDO

Mortales rostros
ángeles y penumbra
destino fatal.

Intranquilidad
grito desesperado
tortura y dolor.

Escalofrío
angustia y soledad
almas errantes.

Dagas que hieren
penumbra y desgarro
horror, tormento.

Oscuros mantos
sombras que se esconden
macabro pesar.

Melissa Díaz Campos
Estados Unidos

TACITURNA

Tengo trémulos
insomnios que visitan
páginas blancas.

Allí se pueblan
con mis silencios vagos
del pensamiento.

Como en filas
nacen en orden versos
mis habitantes.

Inesperadas
frases voy exudando
de lo profundo.

Traer los ecos
de las vivencias aquí
peso librado.

Ungir mis voces
entre líneas vivas
que hoy escribo.

Ríos memoria
desembocando dulce
en esta playa.

Novia vestida
de poesía fiel soy
tu taciturna.

Aquí te miro
en mis silencios rotos
por tu presencia.

Sofia Ghassaei

Estados Unidos

<u>SÍ</u>

Simplemente, tú
eres para mí. Y yo
soy para ti.

Increíble, tú
mi sueño hecho verdad.
Mi alma, tuya.

Blanca Padilla de Otero
Estados Unidos

LA SONRISA

Los labios ríen
como ligero beso
al viento pasar.

Agita, sopla
la boca indomable.
¡Mutismo total!

Secreto toque
plisado en su boca.
¡Celaje fugaz!

Olas rítmicas
palpitan en su alma
desea llorar.

Nostalgia lunar
en sus labios marchitos
al querer besar.

Ruego al amor
se apaga la llama.
¡Es cirio mortal!

Intenta soñar
niebla que se esconde
en oscuridad.

Sufre soledad
un rictus en su boca
queriendo gritar.

Añora reír
su sonrisa natural.
¡Imagen frugal!

Edwin Colón Pagán
Puerto Rico

CAFÉ

Café con sabor
a promesa de amor
en cada beso.

A veces, *negro*
como la noche oscura
de tu partida.

Fluye el silencio
amargo entre mis labios
del *café puya*.

Escapa el humo
blanco desde la taza
en forma de cruz.

Begoña Osés
Chile

ABUSO

Arranca lejos
corre y corre sin rumbo.
Paralizada.

Busca refugio
la persigue su imagen.
Aterroriza.

Una vez basta
para destruir su alma.
También su vida.

Sola y perdida
incapaz de alegría.
Siente un vacío.

Ojos abiertos
tal vez él aparezca.
Sobreviviente.

Esther Haro Giacominich
Uruguay

HUMILDAD

Humanos somos
no tenemos respeto
la vida muere.

Unos y otros
favorecen la guerra
en lugar de paz.

Mucha voluntad
necesitamos todos
por ser el cambio.

Indiferencia
al compromiso mundial
si no da poder.

La empatía
a veces no prospera
ni con hermanos.

Demos ejemplo
con la solidaridad
no nos rindamos.

A la voluntad
le hace falta unión
muy responsable.

Debemos dar paz
confiemos que respondan
humildemente.

Jesús Rivero
Venezuela

LEGADO

Lo más preciado
de nuestro patrimonio
nace del ser.

Ejemplo vivo
con huellas; una historia
particular.

Gloria sin egos
herencia de valores
por su cosecha.

Admiración
que aleja con orgullo
la hipocresía.

Dar una pauta;
ser guía, ser un ave
con sumo ímpetu.

Obra, sinopsis
testamento del alma
ante la muerte.

Carlos Sevilla
México

CARMILLA

Corta mis alas
corta mi respiración
el miedo rojo.

A veces muero
vivo entre las flores
y llantos rotos.

Rosas, destrucción
¿qué importan las gotas?
La sangre fluye.

Mis venas hablan
brillan todos los días
salen a pasear.

Incendio mental
mis ojos son colmillos
bosques internos.

Lamias y brujas
nacen de mi interior
se evaporan.

Lluvia de lunas
brazos hambrientos de luz
¿dónde está él?

¿Amor o miedo?
¿Soledad o corazón?
La vampiresa.

Gladys Heredia
Argentina

A MAR REVUELTO

Alta marea
sacudida por vientos
noche cerrada.

Mientras el muelle
aguarda con sus barcos
por la partida.

Alba dorada
con vientos de fortuna
para la pesca.

Redes tejidas
entre sogas y sueños
el mar salpica.

Rezan mujeres
haciendo más sentida
la despedida.

Entre sollozos
las lágrimas de sal
surcan mejillas.

Viaje obligado
para traer sustento
a la familia.

Una barcaza
se arroja a lo profundo
del horizonte.

Entre la bruma
se pierde ante mis ojos
y no regresa.

La voz se alza
de las mujeres todas
en dulce canto.

Tapando así
el temor a la ausencia
que tanto duele.

Olas revueltas
darán su bendición
para la pesca.

Diego Flores Díaz
México

AMOR

A tus pies caigo
cuando pasas de frente
por ti suspiro.

Murmuro el nombre
que te hace ser visible
entre la gente.

Oigo tus pasos
cuando vienes a mí
tan lentamente.

Robo tus besos
nuestras manos se juntan
en comunión.

Carmen Holguín Chaparro

Estados Unidos / México

DESAPARECIDAS

Duele su ausencia.
El polen de su risa
me han silenciado.

Eterna herida
este absurdo "no estás"
de horas muertas.

Silba el vacío
entre los pliegues fríos
de su memoria.

Áspera espera
que se sostiene débil
de la locura.

Parco sosiego
donde escampar el llanto
y descansar.

A tientas sigo
caminando entre vidrios.
Me sangra el alma.

Respiro apenas.
Me atrae el precipicio;
me cierra el ojo.

Evado el guiño
me abrazo a su recuerdo
de cielo y mar.

Colibrís de alas
rotas, en madrugadas
insomnes, somos.

Ítaca de humo
perdida entre la bruma
inexpugnable.

Dura la almohada
donde la fe reposa
sus pesadillas.

Angustia muda
aullido sofocado
dolor sin fondo.

Silencio en grito
permanente, callado.
Noche eterna.

Luis Medrano Zambrano
Chile / Venezuela

CAFÉ

Contigo tengo
en cada amanecer
colmado placer.

Aromático
alegre y cálido
amor bebido.

Feliz contigo
de formar un equipo
fortalecido.

Encuentro la paz
enfrento cada día
con alegría.

José Luis Salgado Natal
Puerto Rico

ALMA

Alzas el vuelo
con notas de trompeta
incorruptible.

Libre del pesar
que los que sufren sienten
cuando descansan.

Mirando suelos
de promesas latentes
casi las palpas.

Aspiras y echas
el resto en la corriente
que huele a himno.

Sara Sánchez García
España

INEFABLE

Inexplicable
un sentimiento que no
se puede contar.

No puede ser que
algo tan fantástico
sea difuso.

Expresarlo en
palabras no es fácil
es imposible.

Formidable es
aquel que puede sentir
algo así, y...

Afortunado
el que reconoce que
no es irreal.

Bendecidos y
maldecidos por buscar
el sentimiento.

Locura, feliz
y bendita locura
indescriptible...

Entender esta
sensación de éxtasis
y felicidad.

Alicia Marlene Ríos Pérez
Cuba

ENEDUANA

Eneduana, tú
perspicaz, milenaria
y de inspiración.

Naturaleza
fraguada en mujer
poeta tú... Y yo.

Enamoramos
al mundo en estrofas
curando almas.

Defendemos voz
amor, sueños que gimen
en días, a ultranza.

Unimos tiempos
malogrados esquemas
que no entienden.

Amaneceres
confiscados en alba
idea anodina.

Noches de escriba
obedientes rimas *naif*
que favorecen.

Amor, la historia
mujeres como tú, yo
inspiración das.

Yalissy Quintero Martínez
Puerto Rico

VERSO

Viaja la mente
atrapando la senda
que guarda al numen.

Es suerte y gozo
el maná de ternura
del flujo lírico.

Ruge en la pluma
el don de la cadencia
que colma el sueño.

Sabias las sílabas
se tejen con frescura
en cada metro.

Olas de símbolos
dan color a la vida
hechas estrofas.

Diana Aguilar Nava
México

SOL

Sonora luz
que penetra en mi piel
con gran sosiego.

¡Oh, bella estrella!
Que aclara mi camino
en las penumbras.

Lúcida sombra
que abraza en las mañanas
y me da vida.

María Antonieta Elvira Valdés
España

PATERAS

Pobres que huyen
sin querer irse, y es
quedarse: morir.

Acogerlos es
posible, con rescate
y humanidad.

Travesía por
mar, exilio forzado
frágil el azar.

En patrias rotas
iniciar nuevas vidas:
el horizonte.

Riesgo de muerte
miedo, hambre, peligro
desesperación.

Ay que los remos
guíen, son esperanzas
hacia la suerte.

Sueñan personas
con fin incierto, ¡vivir
es un derecho!

Isabel Furini
Brasil / Argentina

FLOR

Fuego se alastra...
Pájaros incendiados
por un loco amor.

La pasión nunca
quedó en el pasado
fue renovada.

Oasis de vida
el amor es el agua
que purifica.

Rosas de amor
son flores luminosas
de mi corazón.

María Patricia Fong Peñuñuri
México

<u>VOZ</u>

Viva nuestra voz
sonido impactante
que comunica.

Ondas vibrando
transmiten emociones
haciendo eco.

Zaratustra es
habló con sabiduría
voz interior.

Pedro Alcántara Rodríguez
Cuba

HIJO

Hilo de genes
marca la descendencia
con el linaje.

Invade a todos
el botón con ternura
de nueva vida.

Joya del vientre
es, sentido de aliento
de la progenie.

Obra el consejo
la carga de cordura
dentro del vástago.

Camila Ramírez Rosales
México

IDEA

Imagen viva
que en blanco y negro
se contiene.

De mi cabeza
es huésped tímido
introvertido.

Está llena de
creatividad fresca
pero resiste.

A veces sale
ve la luz, y luego
se me esconde.

Olga Lidya Sánchez
Estados Unidos

MUJER

Muchos te aman
porque eres símbolo
de lo divino.

Una en todo
capaz de crear amor
al parir vidas.

Justa en dar y
educar a los hijos
alzando la voz.

Estremeces el
alma de los hombres y
tomas el poder.

Rescatando la
grandeza que Dios dio
para ti, mujer.

Tania Mauri Macareño
Perú / Venezuela

LUNA

Libre brinda luz
bautizo del alma fue
brillante luna.

Un canto triste
lo que meció mi cuerpo
y sola he muerto.

Nadar en llanto
de la vida mortaja
sentido adiós.

Amanece hoy
soledad dejó huella
vil desengaño.

Lizbeth Sánchez Vega
México

AÑO NUEVO

Ápice dulce
de vida transformada
inicio alegre.

Ñañaras frescas
alegres esperanzas
de nuevos aires.

Oportunidad
inexorables días
más de trescientos.

Nómadas pasos
en novel territorio
arcano sino.

Uvas de fiesta
celebración de fuerza
sobrevivencia.

Emoción fiera
nostalgia y júbilo
ilusionados.

Volcán ardiente
propósitos sutiles
de nuevos logros.

Ojos risueños
almas encandiladas
de gozo grande.

Aída Mendoza Rivera
Puerto Rico

COQUÍ

Coquí Dorado
pequeño y cantador
no pones huevos.

Obra del Creador
eres de dedos libres
hábitos simples.

Quebrado canto
vives en las montañas
Cayey de Muesas.

Uy, ya no te ven
ya que estás extinto
hoy solo estás.

Igual te amo
eres parte del pueblo
por tu canto es.

Ely G. Cruz
Puerto Rico

NOCHE

Negro tu cielo
adornado por astros.
¡Bella tu luna!

Oscura eres.
Callada, silenciosa.
¡Esplendorosa!

Contigo sueño
y enjugo mis lágrimas
en la almohada.

Horas de calma
introspección, descanso.
¡Mi noche bella!

Eres así
tiniebla, crespúsculo
manta del cielo.

Isabel Ford
Uruguay

AMISTAD

Amigos fieles
seres siempre confiables
como familia.

Maravillosos
seres imprescindibles
en nuestras vidas.

Incondicional
tienden siempre su mano
dan mucho amor.

Siempre presentes
en las buenas y malas
entregándose.

Te dan el alma
y sin pedirte nada
muy valorable.

Amigos, pocos
que sean muy sinceros
a no perderlos.

Dios nos regala
y debemos elegir
a los mejores.

Francisco Pagán Oliveras
Estados Unidos / Puerto Rico

HOJA

Hoy fuiste verde
junto al río azul
hecho de cristal.

Oscureciste
cuando cayó la sombra
sedienta de sol.

Jamás volviste
hacia la triste rama
en el otoño.

Al llegar marzo
fuiste de nuevo verde
como el jade.

Ana Luisa Trejo Lerma
México

TESORO

Tengo un tesoro
hace veinte años llegó
cambió mi vida.

Ella es hermosa
soy feliz a su lado
me complementa.

Se parece a mí
y a la vez es distinta
polos opuestos.

Oscuras noches
son parte del pasado
estamos muy bien.

Rara ocasión es
cuando ella ha sufrido
yo he estado ahí.

Orando siempre
para que sea muy feliz
a Dios le pido.

Marcela Beatriz Viotti
Argentina

MEMORIA

Marchan dispuestos
a llevar caminando
nombres callados.

Encumbran causas
silenciadas con rigor
y sepultadas.

Movilizados
en marea humana
justicia claman.

Omnipresencia
en lugares y tiempos
de los vencidos.

Reclaman verdad
la justicia persiguen
para no vengar.

Irradian lucha
no cesan su reclamo
de no olvidar.

Alzan banderas
con las cuales los pueblos
memoria tendrán.

Pedro Yajure Mejía
Venezuela

ESA GUERRA

Es esa guerra
un anuncio de muerte.
¡Ay! Grave error.

Sangre y dolor
tierra de llanto triste
largo silencio.

Arriar los pasos
en largas caravanas.
Los pies cansados.

¡Grita la madre
a sus hijos caídos
y nadie escucha!

Uveros muertos
los pájaros sin nidos
arrecia el frío.

Espera y rezos
siempre hablamos con Dios
sigue la guerra.

Rondan aviones
estalla la mañana
pueblo destruido.

Rezo y más rezo
lágrimas ruedan solas
Dios reza y llora.

Acaba guerra
venga siempre la paz.
¡Ya salió el sol!

Inocencio Hernández Pérez
España

RAYOS

Resucitando
en tu carne gemela
a mil años luz.

Antimateria
curva iridiscente
sombra al pensar.

Yuxtaposición
de cuerpos ausentes
lamiendo la mar.

Otras memorias
desnudas caníbales
relampaguean.

Sobre el iris
horizonte suceso
ya no eres tú.

María Zully Bautista
Uruguay

COLUMPIOS

Columpio amigo
mi regazo maternal
tierno refugio.

Odas tu abrazas
de sueños laboriosos
de un carpintero.

Loas de nostalgia
recuerdos y aventuras
a mi memoria.

Unísona voz
con susurros del viento
acunas en vals.

Mi hamaca en roble
torna falda de madre
tonos cobrizos.

Parantes firmes
sobre patio verde mar
en movimiento.

Incertidumbres
mecidas aparecen
y se adormecen.

Oros de otoño
se hamacan contigo al son
de últimos vuelos.

Singular vaivén
insomnios desvanecen
a medianoche.

Agustina Papú
Argentina

FRACASO

Falsa condena
dicta frente al espejo
juez despiadado.

Rodeada de luz
con la mirada fija
en la oscuridad.

Alas que tiemblan
Ícaro en su mente
le impide avanzar.

Camina sola
porque en nadie confía
juzga su sombra.

Amarra sueños
con alambre de púas
por miedo a cumplir.

Sufre en silencio
el vértigo la empuja
de nuevo al rincón.

Olvida que el juez
sentenciando el fracaso
porta su nombre.

Gilberto Navarro Camacho
México

EQUIVOCARSE

Equivocarse
cuesta muy caro, es cierto
y lastimamos.

¡Qué pesadumbre
se genera en mi mente!
Es un gran fardo.

Un torbellino
electriza nuestra alma
nos desplomamos.

Internamente
se generan heridas
que sangran mucho.

Vacíos crecen
como hoyos siderales
súper profundos.

Ondas taladran
nuestros cinco sentidos
también el alma.

Con nuestro ánimo
caído por los suelos
lloramos mucho.

Analizamos
dónde empezó el error
y meditamos.

Rezamos mucho
para reparar lo hecho
con fervor hondo.

Surge una idea
para solucionarlo
ser muy humildes.

Es el dar siempre
una buena disculpa
más la promesa.

Néstor Quadri
Argentina

UN DÍA DEL MAR

Unas gaviotas
lo despiertan al mar
bajo la luna.

Naciendo el día
el mar avista al sol
en la alborada.

Del cielo azul
se escabulle la luna
entre las sombras.

Inquietas olas
van dispersando espuma
sobre la playa.

Algo lejanos
navegan en el mar
blancos veleros.

Danzan las olas
y lo incitan al sol
al mediodía.

El mar difunde
una brisa salada
con olor a algas.

Lo aman al sol
el mar con su oleaje
y unas sirenas.

Muere la tarde
y en un manto dorado
se envuelve el sol.

Al mar en sombras
vuelve alumbrar la luna
con luz de plata.

Rugen las olas
despidiendo al sol
ya en el ocaso.

Carlos de la Cruz Suárez
México

CANTO

Canto a la tierra
que nutre mis anhelos:
vivir sin guerra.

Al vivir canto
para ahorrar las penas
sembrar encanto.

Ni cardo planto
ni espiga racimosa
yo sólo canto.

Tanto le canto
a mi tierra lozana
no saben cuánto.

¡Oh, mía hermosa!
Así le canto: ¡dulce
tierna, gozosa!

María Del Pilar Reyes
Estados Unidos / Puerto Rico

MARIPOSA

Metamorfosis
que deslumbra a mis ojos
por su belleza.

Alas pintadas
de diversos colores
te hacen única.

Revoloteas
el jardín de mis sueños
primaverales.

Inigualable
desde tu huevecillo
hasta tu vuelo.

Pupa en tu ciclo
muestra de cambio y vida
en desarrollo.

Oruga; larva
parte de tu proceso
para formarte.

Sublimes polvos
bañan a su majestad
monarca amiga.

Acariciante
beso, brindas a la flor
cuando allí posas.

Frank Lugo-Cruz
Puerto Rico

PATRICIA

Perseverante
noble, virtuosa y libre
siempre poeta.

Amas el Verbo
conjugado en abrazo
libre albedrío.

Traduces la luz
en ternura sin dueño
en primavera.

Recreas tu voz
en acuarelas nuevas
cielo de encuentros.

Irrepetible
enhebras continentes
y voluntades.

Comprometida
con el arado fresco
muerdes la brisa.

Ir al corazón
no intimida tu sueño
ya compartido.

¡Alégrate, sí!
Porque tú siempre tendrás
Patria, ¡Patricia!

Elizabeth Marcano López
Venezuela

MARIPOSA

Metamorfosis
transformadora, sensual
ambigua, breve...

Activamente
aleteando, buscas
emparejarte...

Regenerando
con tu muerte, la vida
la iluminas.

Impoluta te
liberas de tu ninfa
convirtiéndote.

Procuras pasar
velozmente por esta
vida sin rastro.

Oruga fuiste
ayer, mas hoy te vistes
de luz brillante.

Satisfecha de
hacer lo que quieres te
deslizas al fin.

Anhelas volar
ansías terminar con
el asunto... ¿Y?

Sandra Hernández Garduño
México

MI CONFIDENTE

Mejor amigo
confidente y mi abrigo;
dolor y amor.

Instantes muertos
secretos descubiertos
de viva voz.

Contigo duermo
me siento tan eterno
al ver el sol.

¡Olor! perciben
mis trazos te describen
como una flor.

Narran los versos
recuerdos tan diversos
una canción.

Fieles e intensos
poeta hasta los huesos
de corazón.

Ideal risa
con solo una caricia
pinta emoción.

Derrite al hielo
transporta al mismo cielo
una expresión.

Esconde besos
mis dedos están presos
en un renglón.

Nacen novelas
románticas escenas
riman pasión.

Tierna sonrisa
calca el lápiz de prisa
un feliz canto.

Extrema brisa
la estrofa se desliza
entre tu encanto.

Carmina Ral
España

ARRAIGO

Algunas veces
deseando enraizar
erré camino.

Rastrillé eral
el agraz consumido
sin sustantivo.

Regué la hierba
el brote ya marcido
retoñó vivo.

Alas en vilo
en pos de mí vi volar
los blancos mirlos.

Izaron cielos
habitados por soles
de otros nidos.

Giró la noria
caminó el destino
con pies de niño.

Ocasos ocres
vieron caer semillas
de girasoles.

Marcela Jiménez De las Salas
Estados Unidos

MADRE

Mi ser eres tú
te reconozco mía
te sueño cerca.

Antes de nacer
ya te conocía, tú
me presentías.

Dadora eres
de vida, de ternura
de cuidados, fe.

Respiras amor
sin importar la hora
ni la historia.

Eres guerrera
tuviste el valor de
decirme sí, ven.

María Pedraza
Estados Unidos

SE MUERE EL ALBA

Será un día más
donde ya no se verá
el mismo brillo.

Estando de pie
miro a la distancia
buscando algo.

Mas no sé dónde
lo que quedó perdido
pueda encontrar.

Un día sin alba
nos espera mañana
sin esperanza.

Estamos juntos
para mirar tinieblas
porque no hay luz.

Repetiremos
sin ilusión ninguna
un día tras otro.

Esperándolo
recordaremos el sol
que ya no será.

Expectaciones
nacen imaginando
ver aquel lustre.

La luz radiante
que ciega a quien mira
directamente.

Alba preciosa
devuelve tu esplendor
iluminante.

Leal ocaso
enamorado vive
siempre pendiente.

Buscando a su
bella y presumida
amada alba.

Allí anclado
siempre estaré por ti
noble aurora.

Aura Tampoa Lizardo
México / Venezuela

THANOS

Témenos solar
gris penumbra y esferas
detienen tu luz.

Hilos celestes
envuelven mis tobillos
llanto de bestias.

Ave marina
vestida con espadas
corta, diluye.

Navego triste
melodías serenas
renuncio, te vas.

Ojos perdidos
caricias circulares
vacías de ti.

Sólo quédate
bebe de mis lágrimas
abre la puerta.

Walter Marin
Estados Unidos

CÁNCER

Consumes mi ser
comsumiendo mi carne
no das tregua.

Anhelo sanar
sólo quiero triunfar
y voy a luchar.

Nunca me rindo
tampoco desfallezco
no será fácil.

Cáncer no debes
nunca podrás matarme
voy a ganarte.

¿Entregarme? No.
Mi vida continúa
sí al futuro.

Río, no lloro
el vivir es un gozo
morir es ganar.

Peter Sierra López
Estados Unidos

NOSTALGIA

No olvidarás
momentos de infancia
o tu juventud.

Opalescente
brillan las experiencias
sobre la vida.

Sabiduría
de la generacional
nos dignifica.

Tiempo dictará
momentos de soledad
nos dará pesar.

Algún recuerdo
memorias o anhelos
nostalgia tendrás.

Lamentaciones
llantos de ilusiones
te albergará.

Grito de ansias
en silencio mantendrás
la realidad.

Inadvertido
disimuladamente
la vida sigue.

Alegremente
mantendremos viviente
nuestra cultura.

Yuray Tolentino Hevia
Cuba

YEMAYÁ

Yemayá llegó.
Entre soles y lluvias
guía mis días.

En agua de mar
transformó las lágrimas
de sal y arena.

Madre adoptiva
de corales secretos
toma mi sombra.

Abre tus aguas
déjame ver qué escondes
llevo silencios.

Y no traiciono
porque soy tu guerrera
aun sin espadas.

Apuesto vida
futuro y corona
por la ocha tuya.

Keniel Soto García
Puerto Rico

ORBE

Osado fuerte
del frenesí latente
viendo y negar.

Roto frenesí;
escribía ardiente
enésimo fui.

Báratro librar:
engaños esféricos
ida al labrar.

Espejo magno
yaces ante mi mano;
evocas siempre.

Orlando Fernández Donates

Estados Unidos

CULTIVO

Culta libertad
engendras en ideales
libera acciones.

Untar la vida
del resplandeciente sol
brinda claridad.

Luces creativas
de los sabios libreros
entrega visión.

Tutor visible
e invisible, curtido
forja, la ilusión.

Instar lo cierto
es tocar la voz libre
del saber pensar.

Vivo el cultivo
del agua solitaria
que brinda la paz.

Otorgar pasión
de ser poeta, concede
la liberación.

María Nelly Curbelo
Uruguay

HUMO

Hollín liviano
pluma gris de paloma
que sube alado.

Umbela o cresta
desde un volcán furioso
o en el incendio.

Manso y humilde
del incienso elegido
casi invisible.

Olor de leños
humo de la fogata
calor de amigos.

José Luis España Sánchez
España

UCRANIA

Unamos fuerzas
para parar la guerra
hermanos somos.

Cuerpos sin vida
niños entre las ruinas
fosas comunes.

Ruge el cañón
solo ríos de sangre:
lloran las madres.

Angustia abierta
Europa se desangra
pidamos paz.

Negacionismo
el mundo es insensible
ante la muerte.

Iré a la mar
hablaré a las estrellas
sangraré amor.

Abrid las manos
corazones amigos
¡nunca más guerras!

Sandra Santana
Puerto Rico

MUJER

Mujeres todas
de todos los lugares
somos hermanas.

Unámonos ya
para cambiar el mundo
porque es urgente.

Juntemos fuerzas
para arrancar de raíz
el patriarcado.

Esa violencia
que sufren las mujeres
tiene que acabar.

Razones de más
tenemos para unirnos.
¡Llegó la hora!

Lady Rojas Benavente
Canadá

AMOR DEL SUR

Albricias juntan
sangres, recorren ríos
del continente.

Mezclan dos seres
cuerpos incandescentes
pasión audaz.

Oran de pie
se abrazan entre surcos
palpitaciones.

Retoña vida
un hijo del amor
agradeciendo.

Diamante puro
resplandor triangular
dichas y enlaces.

Encantamiento
divinizan deseo
pulso en harpas.

Luz espiritual
etérea y fugaz
gracia en ternura.

Sementera con
raíz ramificada
emergen frutas.

Umbrales, ¡oh!
¡Paradisiaca paz!
Alumbramiento.

Risas y cantos
vibran en universo
amantes libres.

Noemí Rubiano
Argentina

HOJAS

Hojas volando
por amplia carretera
llegó el otoño.

¡Oh, qué prodigio!
Ostento natural
manto de otoño.

Juegan los niños
combinando colores
de la bella época.

¡Admiración!
El amarillo y rojo
tiñen los bosques.

Sabia natura
dulce visión refleja
a quienes miran.

Nallely Flores Flores
México

CAOS

Cada segundo
se rompen dos relojes
en este mundo.

A veces caen
en forma de recuerdo
o solo caen.

Otros se quedan
flotan durante días
meses incluso.

Su sacrificio
construye la memoria:
caos del tiempo.

María Liliana Vargas Flores
México

AMOR

Apasionada
tormenta abrázame
acaríciame.

Morada fiel
me protejo en tu piel
besos de miel.

Oleaje sutil
de corazones gentil
cuerpo intáctil.

Romance de dos
me pierdo en tu voz
cálidos versos.

Cristina Godoy Martínez
Estados Unidos

VIAJE

Volar sin alas
mirando adelante
él continuará.

Incertidumbre
sendero invisible
hasta el final.

Arcoíris es
pasa como un sueño
sin detenrse.

Jamás regresa
solamente es ida
camino fugaz.

Ensueño sutil
que irá muy de prisa
todo quedará.

Hiram González Carmona
México

MENTIRAS

Melancolía
llora el corazón mudo
verdad ofusca.

El llanto inunda
susurra el viento oscuro
perdón mil veces.

Nada en el yo
suspiros del vacío
noches que duelen.

Trémula calma
y labios sin palabras
sombras heridas.

Inquieta el otro
el alma se marchita
espejo de él.

Ríos unidos
verdades disidentes
sigue el dolor.

Aflora el mal
melancolía nueva
hoy (es) el ayer.

Sutil abrazo
envuelto en mi vacío
caigo sin vida.

———

Ariel Santiago Bermúdez
Puerto Rico

BESOS

Busco entre sueños
ese beso infinito
que tiene cuerpo.

Esperándolos
le sumo cada uno
los que me esperan.

Sobre mis labios
pasamos estampidas
sin sus regresos.

Oigo. Sentimos.
La humedad nos asalta
como un *tsunami*.

Salgo a la mitad
de mi boca nocturna
y todos llegan.

Guillermo Ortiz Acevedo
Puerto Rico

<u>HIJOS</u>

Hermosos seres
que mitigan las penas
y las alivian.

Iluminan, sí
con sus sonrisas bellas
que resplandecen.

Joyas divinas
de gran e inmenso valor
prestadas por Dios.

Oh, rayos de amor...
Irradian como soles
los mundos vacíos.

Salud y vida
dan a los que lo aprecian.
Todo corazón.

Pedro Vasquez
Estados Unidos

SOY

Sutil náufrago
de confusos aciertos
sin precedentes.

Ostentando el
moribundo camino
cual peregrino.

Y en la quimera
ahogado me pierdo
eternamente.

Luis Alberto Ayala Monroy
México

VIDA

Voz elocuente.
Mi mente ahora estorba
el agua fluye.

Ideas limpias
contemplo amaneceres
los gatos duermen.

Duermen las flores
mueren las agonías
nace la vida.

Amores sordos
estación de sirenas.
Tremenda vida.

Milagros Rivera Otero
Puerto Rico

LLUVIA

Llanto de río
que desemboca entre sus
pechos húmedos.

La llovizna gris
cae sobre su rostro
como un diluvio.

Una avalancha
de gotas calcinadas
buscan sus besos.

Veneno de agua
fresca desemboca en el
mar de lágrimas.

Inventario de
chubascos nadan en el
cálido vientre.

Aguacero de
caricias calman su piel
hasta su cauce.

Daniela Rosales Medina
México

FE

Fuerte me veo
pero callada busco
la valentía.

Encuentro calma
con la certeza simple:
mi luz interna.

Cecilia Nayeli Ríos Macías
México

SERENDIPIA

Sin yo buscarte
conseguí encontrarte
qué suerte la mía.

Emocionante
imprevisto hallazgo
mi casualidad.

Razón ajena
sin lógica alguna
fuerte atracción.

Evento fugaz
fenomenal fortuna
la más valiosa.

Nunca hay reglas
es evento fortuito
base sólida.

Descubrimiento
mi casual coincidencia
por accidente.

Inesperado
un desplome al suelo
ruedan manzanas.

Pasa el tiempo
viendo mis sentimientos
caer con fuerza.

Increíbles luces
respuesta a mis sueños
magno tesoro.

Acontecer mío
sin una alteración
solo gravedad.

Gabriela Cárdenas
Ecuador

SOY

Sonetos de luz
salpicando al viento
¡creando rimas!

Oportunidad
tras la ventana rota;
paso a paso.

Yelmo y ancla
suspiro o suspenso...
¡Nunca silencio!

Rubén Darío Portilla Barrera
Colombia

A GABO

Autor de libros
de cuentos y novelas
prosista genial.

Gabriel G. Márquez
domador de la prosa
nobel inmortal.

Aracataca
de mi linda Colombia
su pueblo natal.

Bellas novelas
en páginas de oro
tesoro real.

Oh, literato
Cien años de soledad
¡obra magistral!

Silvia Gabriela Vázquez
Argentina

HOJA

Hoy voló bajo
se desprendió del tiempo
después fue árbol.

Oscurecía
en cada nervadura
de su silencio.

Jamás preguntes
en medio de otro vuelo
por la distancia.

Ante el desierto
cada hoja es más verde
lejos de casa.

Yolanda Pitt
México

TORMENTA

Torrencial lluvia
torbellinos con agua
fuerza natural.

Oyendo viento
con zumbidos del árbol
truenos, centellas.

Ruidos celestes
cayendo sobre techos
balas de hielo.

Mientras espero...
Llega la oscuridad
cables caídos.

Enciendo velas
que el viento apaga
tiniebla total.

No se puede ver
no hay comunicación
solo esperar.

Tiento paredes
regreso a mi cama
escucho truenos.

Arrasadora
la corriente de agua
y aún llueve.

Nanim Rekacz
Argentina

AMISTAD

Amistad es
una palabra inmensa
de alcance exiguo.

Milagro existe
en mutuo equilibrio
muy pocas veces.

Ideas confluyen
se unen historias, miedos
dolor y sueños.

Se abrazan almas
las fuerzas multiplican
alivian cargas.

Tiempo y espacio
son necesarios: crece
y evoluciona.

Aunque la muerte
o la distancia alejen
se fortalece.

Dar, recibir
amar sin condiciones
y para siempre.

Katherine Pérez Pérez
Puerto Rico

TÍA

Tiempo perdido
construiste un nido
embellecido.

Isleña niña
amada por hermanos
te fuiste un día.

Al cielo huiste
y de todos corriste
tu alma existe.

David Santiago Torres
Estados Unidos / Puerto Rico

INLAKEH

Introspectivo
reflejo del espejo
somos lo mismo.

Nada difiere
en la sangre y alma
mutuo aliento.

Lúbrico gesto
enaltece igualdad
en el sendero.

Arquitectura
de una sola raza
de humanidad.

Kilos de pasos
sobre barro mestizo
tejer del tiempo.

Eres y somos
un torrente de sangre
trenzado viaje.

Hilar de rostros
yo, de un tú, que somos
savia de vida.

Ana Delgado Ramos
Puerto Rico

LA POESÍA

Largo camino
del que sufre callado
en su silencio.

Adolorido
triste y solo llorando
no sabe versos.

Palabras de alma
descubriendo el dolor
que siempre guarda.

Ofrece calma
al que solo se siente
callando siempre.

En sí utiliza
lo que has ocultado
te hace libre.

Siente emociones
te hacen un poeta
cuando escribes.

Invisible es
el gozo ocultado
dentro del alma.

Amor en versos
la poesía te ofrece
enamórate.

Verónica Amador Colón
Puerto Rico

ESCÚCHAME

Espérame hoy
escuchando sonidos
en la distancia.

Sabrás de mi ser
y lo que mi corazón
esconde por ti.

Cede al amor
esas palabras dulces;
¡y no me grites!

Únicamente
permanece tu calma
ven, escúchame.

Como la nada
que nunca la puedes ver
así estaremos.

Haciendo claros
mi sentimientos por ti
al escucharte.

Ante la duda
ya no quiero más gritos.
¡Escúchame, ya!

Malicioso tú
es querer ganar siempre
sin tener razón.

Entre lamentos
poco audibles, roncos;
¡calla! Escucha.

Adriana Villavicencio Hernández
México

MORIRSE

Más valerosos
somos en los últimos
susurros vida.

Ondearemos
la bandera de tregua
rogando tiempo.

Respiraremos
profundo lo volátil
del gran corazón.

Intangible voy
recogiendo mis sueños
fría espuma.

Recito padre
aquel último latir
desesperante.

Solo lágrimas
han recorrido mi voz
blanca arena.

Entrego la hoz
y al fin me despido
de este mundo.

Onésimo Torrez González
México

EROS

Efímero amor
romántico y pasional
es sensualidad.

Ronda la pasión
caprichosa del deseo
lujuria total.

Ósculo sutil
amistad y aventura
amor lúdico.

Solo ama, amor
al amor espiritual
amor ágape.

María Magdalena Rodríguez Vázquez
Puerto Rico

BORINQUEN

Belleza es poco
el sol ha de parirte
en la mañana.

Orgullosa es
la estrella que alumbra
tu alborada.

Ríen las aves
repicando campanas
de enunciación.

Íntimamente
la luz ha de preñarte
como a María.

Naces al alba
entre ríos, con rumbo
a su libertad.

Que tu éxtasis
de esperada vendimia
se produzca ya.

Urgen naciones
que en coro de hermanas
tu historia canten.

Eres la nota
acentuando el verso
que lleva la paz.

Nada detiene
esta nueva semilla
de lo eterno.

Antonio Mejía Reynoso
México

LUZ

Lucero de fe
radiante tal cual
sutil y veraz.

Uniformidad
fascinante su brillar
sobre cielo y mar.

Zozobrar del mal
tinieblas acabar
del día gozar.

María de los Ángeles Coss y León
México

RECUERDO

Reminiscencia
conjunto en mi alma
de horas de ayer.

Espejos sin voz
clamando en silencio
lugares y sed.

Ciclones de hoy
inundándolo todo
dentro de mi ser.

Último adiós
sin expresar palabras
tan solo la fe.

Encuentro fugaz
entre tantos pasados
que yo viviré.

Razones no hay
para buscar evitar
volver a saber.

Destellos sin fin
de imágenes claras
con gran rapidez.

Oportunidad
de respirar ayeres
volver a creer.

Martha Sandoval Ramírez
México

TIEMPO

Trabajo sucio
atrapados terminan
hombre y mujer.

Independencia
buscan abajo la luz
perdidos están.

Ellos no saben
están embabucados
falsa libertad.

Mientras se come
rápido los consume
y lo maldicen.

Podría estar
el ciclo solar ahí
y sólo gritan.

Olvidémoslo
defiendan toda vida
gocen ustedes.

Alcides Ramón Meléndez
Estados Unidos / Venezuela

CUPIDO

Cara de ángel
vendados ojos, niño
del amor su dios.

Una mirada
un certero flechazo
romance en flor.

Palabras dulces
cantos enamorados
a la doncella.

Inspira vate
cánticos y ternura
en trémula voz.

Dardos de pasión
de arquero travieso
pícaro feliz.

¡Oh, idílica
deidad de la pureza
y casto amor!

Antonio Manzano
Venezuela

Y CAMBIO...

Y me sumerjo
en un vacío sutil
sin traje necio.

Corazonadas:
intuición al máximo
ya me decidí.

Al sonido voy
sin pensarlo dos veces
llegar sin salir.

Muy tenebrosa
mi cueva trascendental
donde escucho.

Bienestar es paz
así nos encontramos
los dos en uno.

Inmenso placer
es casi impensable
menos palabras.

Origen–puerto
la nave presta, zarpa
floto, navego...

Leonardo Escalante Méndez
República Dominicana

LUNA

Luz de la plata
Gran Faro celestial
sin oscuridad.

Único foco
amante es del gran Sol
fosforescente.

Nido brillante
candil del universo
llama eterna.

Aureola es
de gran luminosidad
incandescente.

Yariel Figueroa Vega
Puerto Rico

NADA

No hay silencios
como los que susurra
el viento al gritar.

Al saber que te
marchas y regresas en
mis sueños grises.

Distante tu piel
que me hace perseguir
nuestro pasado.

Alucinando
que te sigo teniendo
sin tener nada.

Luccia Reverón
Puerto Rico

MUSA

Mujer, derramas
la belleza del arte
cuando te acercas.

Urna es mi pecho
que inspiración recibe
excelsas notas.

Sapiencia, luz
que al azar nos regalas
y hallas poetas.

Albricias, musa
mis sentidos tocaste
hoy te declamo.

Carmen Chinea Rodríguez
España

TERCIOPELO

Tan tersa su piel
su aroma de ángel
pequeñísima.

Estatua noble
de porcelana frágil
recién nacida.

Revoluciona
todo el universo
con su sonrisa.

Crece y crea
sin apenas consciencia
de su grandeza.

Inmensa, digna
generosa y plena
manos abiertas.

Oceánica
es su alma, sedienta
e indefensa.

Pétalo sutil
que veo en peligro
a cada paso.

Encontraremos
un espacio en calma
cerco protector.

Lágrima fugaz
al verla alejarse
siguiendo su luz.

Orgullo al ver
su lucha por alcanzar
lo que quiere ser.

Rosaura Tamayo Ochoa
México

ECO

En el silencio
cavan remotas voces
las escuchamos.

Con un sonido
corre por las montañas
confuso y débil.

Onda refleja
canto lejano que habla
eco, eco... Eco.

María de los Ángeles Santiago Ríos
Puerto Rico

FLORES

Fragancias muchas
colores y bordados
adornan ramos.

Libres texturas
les hacen tan distintas
igual, hermosas.

Ojo tu centro
profundidad que me da
curiosidades.

Romperte daña
el crecer de tu vida
y no lo haré.

Envejeces tú
impregnando páginas
memorabilia.

Sencillas unas
exuberantes otras
alegran almas.

Christian Barbosa
México

CANCIÓN

Con la voz llevo
preguntas y tormento
también consejo.

Anuncio el fin
de una generación
con gran sonrisa.

Navego solo
con proverbios, y unos
encantamientos.

Canto de noche
de día aúllo en plazas
temibles versos.

Invento himnos
que expresan unidad
y esperanza.

Ofrezco odas
fúnebres y de valor
a todo rincón.

Necesitamos
más poesía y amor
y menos rencor.

Marisol Pontón
Puerto Rico

¿VIEJA YO?

Voy a escribir hoy
para todas aquellas
que no son "viejas".

¡Incluyéndola
a usted!, que todavía
se cree "nena".

¿Envejeciendo
y olvidando, es normal
o un gran pecado?

¡Jamás permita
que se le llame "vieja"!
Porque no lo es.

Aquellas que aman
y sienten, mariposas
revolotear.

Ya con el tiempo
gratos recuerdos tendrán
que no volverán.

¡Olvide la edad
luche, empodérese
y así triunfará!

Edwin Gaona Salinas
Ecuador

MIS DELIRIOS OCULTOS

Mi pluma escribe
con su noche de tinta
al amarillo.

Inmensas llagas
devoran mis silencios
con eco bárbaro.

Santos y salmos
retoman mi conciencia
de voz vacía.

Duerme tu campo
con hilos de lucero
y senda enferma...

El pecho triste
se esconde de las rosas
en cada noche.

Los tornasoles
llevan viejos misterios
que nadie entiende.

Ilusionado
el río va sin vuelta
al cerro eterno.

Ruge la calma...
Tímida alegoría
brota al murmullo.

Incluye muecas
de nuevas dulcineas
y sanchos tristes.

Oro y peldaño
es mutismo de lágrima
en cada pétalo.

Silban los miedos
con las rocas suspiran
sales amargas.

Ópalos tristes
y rosas nocturnales
me atan al céfiro.

Como arreboles
quedan desvanecidas
las brumas vagas...

Unas llorosas
que al mullir su destino
se les escapa.

Luego recorren
navegando sin río
hiel y caprichos.

Todos preparan
los atalajes últimos
con despedida.

Otros escapan
con delirios ocultos
y sendas limpias...

Solo los tiempos
resuelven los delirios
y nada olvidan.

José Antonio Ortiz
Puerto Rico

SOY LIBRE

Se fue aquel dolor
y se marchó contigo
solo siento paz.

Obra maestra
tan llena de tinieblas.
¡Por fin te fuiste!

Y me pregunto:
¿Cómo pude tolerar
tal dolor en mí?

Libre hoy soy por fin
ya no tengo cadenas
y puedo volar.

Impresionante...
Cuánto se puede aguantar
siendo un esclavo.

Brutal ceguera
que causó mi desdicha.
¡Al fin te fuiste!

Reflexionando
en todo este camino
tengo que decir...

Es importante
no vender la libertad
disfruta vivir.

Mercedes Cabral Castillo
República Dominicana

LUZ

Leve reflejo
humedece los pies
del caminante.

Umbría senda
tu brillo ya despeja
mágicamente.

Zanjan la bruma
de mi sendero frío
áureos rayos.

Jorge Riera
Venezuela

SIGLEMA

Siempre velado
esperando desvelo
¡ya revelado!

Inmarcesible
tu frescor lo advierte
¡por años verte!

Granado rubí
que al amor reclamas
y pasión clamas.

Lapislázuli
por ser el amor azul
lo vistes de tul.

Engarzador tú
de siglas a poemas
rocas a joyas...

Mínimamente
narras corto lo largo
y grande queda.

¡Afloras fuera
para muy largas eras
que decir quieran!

Rafael Sánchez Hinojosa
México

LUNAS

La Luna llena
desde nuestra ventana
todos los cuartos.

Un perigeo
refleja en tu cara
el lado oscuro.

Nunca oculta
en sábanas de estrellas
mar de humedad.

Al impostor
impugna en apogeo
tocar tu piel.

Sepia memoria
calma al amanecer
con tu mirada.

Aury Beltrán
Puerto Rico

SON DE AMOR

Sonea suave
pero grita con fuerza
con pura salsa.

Ondea faldas.
Mueve ambas caderas
suelta tus brazos.

Nada te turbe.
Música es música.
Ponle cadencia.

Desdobla tu ser.
Cántale tu historia
hazlo con placer.

Expresa bondad.
Proyecta felicidad
tu voz trasciende.

Aspira vida.
Redobla los tambores.
Comparte coplas.

¡Manifiéstate!
Agarra tu pareja:
suelta la queja.

Olvida penas
con el grupo presente.
Ritmo caliente.

¡Renovándote!
Divirtiéndote mucho.
Siendo solo TÚ.

Leyda Gómez Rentas
Puerto Rico

SERENO

Se vierte en toda
la sombra de la noche
vapor temible.

Está prohibido
dejar tu piel y cuerpo
bajo su abrigo.

Reparte esencia
sin fragancia ni hedor
y transparente.

Está en el aire
ventilando el temor
que de él se anuncia.

Nunca tu abuela
permitiría contacto
con tal "peligro".

Oculto y tenaz
digno sereno insigne
de los boricuas.

Rosario Díaz Ramírez

Perú

A MI MADRE

A la luz de Dios
ya resplandece claro
un nombre puro.

Mar de la luna
derrama a plenitud
la paz de calma.

Inspira bondad
un ángel en la casa
al lado pasa.

Mi corazón, oh
se salta en sonido
eco al cielo.

Aparece mi
reina, la piadosa
de alma buena.

Da amor de santa
ella siembra semilla
el campo verde.

Río de claridad
su nombre es de rosas
el de Charito.

Es de un canto
eterno el de mi madre
el universo.

Fanny Fajardo Daza
Colombia

DOLOR

Desasosiego
en mi amanecer, ¡yo
siempre tengo!

Oscuro cielo
mes a mes, ¡oh! ¡Enfrento
con vago tiento!

Lento despertar
con muy poco aliento
¡seguir no quiero!

Olvidándome
del aquí y ahora
¡mi paz mejora!

Rocío fresco
cual mano redentora
¡mi ser añora!

Ángel González Centeno
Puerto Rico

NERVIOS

¡No a las guerras!
La humanidad pierde
vidas en ciernes.

Eluden morir
o resultan heridos
los pobres niños.

Ristras de balas
cruenta lluvia de bombas
ajan la tierra.

Vertiendo mala
no la semilla buena
que brota vida.

Inocua niñez
tras la barbarie loca
entre poderes.

¡Oh, avaricia!
Tirano, aniquilas
de la paz fruto.

Si las criaturas
no las mata la guerra
sí que los nervios.

Nora Cruz Roque
Puerto Rico

ADIÓS

Ante tu tumba
despojo todo llanto
te vas, me quedo.

Diste tus vibras
a mis sentidos muertos
hoy que te mueres.

Ideas nuevas
con flores y pacholí
poeta feliz.

Otros quedamos
diremos tu poesía
recordaremos.

Señor de cielos
ángeles serafines
recíbanlo hoy.

Fernanda Pérez Vizcarra
México

SE BUSCA

Sangre, huesos, piel
dientes, cabello, uñas
huellas o polvo.

En unas bolsas
de basura o en las
fosas comunes.

Busco dolor sin
identificación de
nada ni nadie.

Una noticia
"visto por última vez...".
¿(Me) Lo has visto?

Se extravió en
tal lugar, en tal fecha
y a tal hora.

Cara y nombre
señas particulares
y su descripción.

Ayúdame a
encontrarle y a que
vuelva a casa.

Lisa María Hernández Montañez
Puerto Rico

LAS FLORES DE LA GUERRA

Laten de nervios
bajo nube de polvo
caen sus techos.

¿Acaso pueden
mover bien sus pétalos
entre las balas?

Solos jugarán
a esconderse todos
sin poder dormir.

Fingiendo la fe
para cubrir el miedo
y ya no sentir.

Lastiman alas
sucias, ennudecidas
que no vuelan ya.

Ojos ausentes
desde su cielo raso
caen estrellas.

Rara vez ríen
corren de felicidad
suyas las calles.

Espejo roto
para mirar las caras
desconocidas.

Sin ser de ellos
va pasando la vida
entre sus venas.

Delito doble
jugar con los juguetes
que nunca tendrán.

Entre escombros
olvido fronterizo
no hay semilla.

Las dudas crecen
claudican corazones
se enmudecen.

Ánforas rotas
mesas, sillas vacías
los niños con sed.

Gritos privados
árboles sin raíces
los abandonan.

Urdir silencio
ante los inocentes
bajo el cañón.

Escalofríos
y los oídos sordos
entre multitud.

Ruegan ahora
por un poco de calma
un poco de paz.

Relatos fríos
contarán el mañana
sobrevivientes.

Ahora queda
abrir todas las puertas
salir a jugar.

Luz del Carmen Arrese Pacherres
Perú

POR LOS BUENOS TIEMPOS

Portas sobre mí
el interior albergue
soy hospedante.

Oigo distante
el canto chacarero
voz del verano.

Remanso solo
inunda suavemente
asomo grato.

Lírica pasión
siempre total amante
de fantasías.

Otoño sobre
el alfombrado suelo
ojos de hojas.

Solo corales
de arrecifes tumbas
en abandono.

Busco en arte
talla de luna triste
sin encontrarte.

Urdir las horas
una extraña sombra
huelga imaginar.

Esta ráfaga
entre pinos y rocas
lejana llega.

Negros abrazos
amigos que sin color
vistió la muerte.

Oigan el rumor
centurias milenarias
rol de esferas.

Sin despedida
méritos de ausencias
pálpitos rotos.

Trampa límbica
meterse en sus ojos
para bien verte.

Ideal sueño
cada balada ruega
regrese pronto.

Está desierta
arena de relojes
cielo y tierra.

Mar de espumas
desvanecidos goces
vuelo de risas.

Pétalos caen
alfombrado sendero
otra estación.

Oscilar hace
iniciar su desplome
anterior mundo.

Sobre la nieve
va descalza el alba
copo del alma.

Luisa Cámere Quiroz
Estados Unidos / Perú

VIRTUALIDAD

Visión mágica
fenómeno cautivo
la virtualidad.

Invención irreal
un espacio creativo
tridimensional.

Redes virtuales
tecnologías asidas
a un internet.

Tácticas nuevas
tablitas de salvación
nos educaron.

Unieron puentes
en el tiempo, espacio
ya sin fronteras.

Alucinaron
mentes con el valioso
conocimiento.

Llanto, auxilio
en tiempos de pandemia
fue nuestra aliada.

Iluminaron
aun sin corazón ni piel
aulas virtuales.

Dinámica luz
vislumbrados a través
de las pantallas.

Amantes entes
eligen intereses
en plataformas.

Divina ciencia
globalizó al mundo
huellas en cristal.

Susana Illera Martínez
Estados Unidos

PURA VIDA

Pacífico. Sol.
Brisa y melodías
vida y calor.

Una eterna
canción de las cigarras
con olor a sal.

Roja su noche
pintada por marimbas
caderas, tambor.

Azul despertar
bajo el cielo cantor.
Las aves. Tu voz.

Velada blanca.
Suena la botijuela
vestida de flor.

Inagotable
riqueza en la tierra.
Agua. Manantial.

Dentro del bosque
se esconde la pura
risa del tucán.

Atardecer. Río.
Costa Rica: Eres piel
¡y pura vida!

Gimarie Reyes Ayala
Puerto Rico

RENCOR

Resientes todo
inexperto y audaz.
Tú no perdonas.

Envidias la paz.
Hostil con el indulto
consumes almas.

Niegas la verdad.
Solamente tu versión
justifica ira.

Cuentas las faltas
para poder vengarte.
No te descuidas.

Olvidas el bien
que te ofrecieron por
solo un error.

Resentido vas
divagando al mundo
en tu interior.

Fátima Chávez Juárez
México

MAÍZ

Mesoamérica
te vio nacer, hijo eres
del teocintle.

A los aztecas
fuiste heredado por el
dios Quetzalcóatl.

Ígneo y blanco
–alimento sagrado–
azul o pinto.

Zanjas se abren en
el fértil suelo para
verte renacer.

Fernando Barba Hermosillo
México

INTELIGENCIA

Inteligente
no es aquel que piensa
es el que duda.

No saber nada
saber es darse cuenta
esa es la cuestión.

Tener sapiencia
manzana en caída
conocimiento.

En un principio
todo era oscuridad
Prometeo, luz.

Luna mentira
Babel y escalera
eclipse total.

Imaginantes
Principito en exilio
no hay más rosas.

Gigabytes on.
¿Seremos reemplazados?
Neuronas en *off*.

Entiéndanlo ya
no es una revolución
es su génesis.

Nunca es tarde
para aprender algo
que nos sorprenda.

Código Morse
respuesta en espera
vuelta a lo antiguo.

Input de datos
procesador rápido
ya no hay señal.

Artificiales
la última llamada
al *Homo sapiens*.

María del Rocío Manzano Hernández
México

FE

Fortaleza Dios
propiedad tan humana
para revivir.

Estrella fugaz
en la noche del alma
luz de esperanza.

Elba Gotay Morales
Puerto Rico

VÁLVULA DE ESCAPE

Voy liberando
como llantos del alma
toda presión.

Acumulada
por tanta presión en
vida y tiempo.

La vida es breve
como un sentimiento.
¡Inigualable!

Volátil eres
necesitas explotar
y hacerte libre.

Únicamente
así desahogaré
tantas tensiones.

Librándome de
la monotonía de
la vida misma.

Abro caminos
descubro allí mi ser
entre las letras.

Deshacerme de
todo lo que me pesa
y me somete.

Escapar de tu
constante opresión
entre el caos.

¡Edificante!
Me levanto, construyo
y me libero.

Soy fortaleza
de dolor a dolor
frente a la vida.

Caminos largos
a diario sobrevivo
paso a paso.

Alegras vida
válvula de escape
al liberarme.

Permitiéndome
liberar las tensiones
y recargarme.

En energía
positiva. Doy valor
revivo y sano.

Honorio Agosto Ocasio
Puerto Rico

LETRAS

La inspiración
que destilas flor néctar
se llama letra.

Experimentas
caminos insondables
de amor y paz.

Tienes tu alfa
y omega divinos
en la palabra.

Ratificando
con garbo y majestad
tu perpetuidad.

Aunque tus trazos
denoten emociones
variadísimas.

Soberanas van
libres como el viento
las bellas letras.

Ellos dijeron lo que querían decir.

www.ingramcontent.com/pod-product-compliance
Lightning Source LLC
Chambersburg PA
CBHW051644260626
47170CB00004B/1331